I0830531

Los "dibus" de los estados de ánimo
Momentos de lucidez - Libro 2

Los "**dibus**" de los ESTADOS DE ÁNIMO

Helios Edgardo Quintas Diaz

momentos de **LUCIDEZ** Libro 2

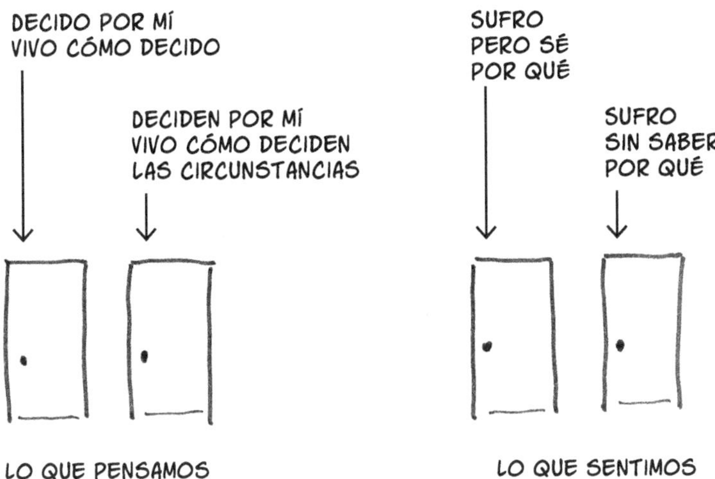

DECIDO POR MÍ
VIVO CÓMO DECIDO
DECIDEN POR MÍ
VIVO CÓMO DECIDEN
LAS CIRCUNSTANCIAS
SUFRO
PERO SÉ
POR QUÉ
SUFRO
SIN SABER
POR QUÉ
LO QUE PENSAMOS
LO QUE SENTIMOS

¿Y TÚ, CÓMO PIENSAS?

Índice

Prólogo

Qué es

Este libro describe, a través de los dibujos, distintos **estados de ánimo,** usando ejemplos de la vida cotidiana. Está dirigido a todas las personas, que un poco más o un poco menos, quieran interpretar o confirmar lo que les sucede o les pueda suceder. Es una forma suave, amable, instructiva y hasta en un punto risueña, de ver las realidades humanas.

Explicación

Comprobamos que existimos cuando hacemos uso de alguna de las herramientas que la naturaleza nos dió. Como la *mente,* marca distintiva dentro del reino animal, y con la que pensamos; *el cuerpo,* que nos moviliza en tiempo y espacio y con el que sentimos; y las *características especiales* de cada individuo, aquello que lo hace único e irrepetible.

A esa observación le podemos sumar la *historia personal*: el registro de lo vivido. Y por supuesto no hay que olvidar el *entorno* en el que nos encontramos, que también influye. En ningún caso hacemos un juicio de valor sobre esas herramientas, sencillamente las enumeramos. Todas y todos tenemos mente, cuerpo, característica personal, hemos vivido, poco o mucho, pero se puede comprobar, y residimos, o nos movemos, en un ambiente determinado.

El estado de ánimo, su importancia

Ahora bien, también, nos percibimos a través de una variable muy especial que combina o conjuga todos esos parámetros que mencionamos, en un momento concreto del día (o del mes o del año), y a lo que damos en llamar **estado de ánimo**, reflejo en el cual se ven todas esas influencias en nuestro ser.

El estado de ánimo tiene una importancia trascendente en nuestra existencia, y marca, casi con exactitud, el nivel de satisfacción o de infelicidad con el que estamos llevando nuestra vida. Actúa de brújula o de guía cotidiana, porque a favor o en contra de él tomamos las decisiones por las cuales vamos por tal o cual camino.

El día a día no es lineal ni uniforme, y el estado de ánimo va variando según lo que ocurre a nuestro alrededor, o por lo que nosotras o nosotros queremos generar. Dicho esto hay que decir con cuidado, pero con firmeza, que **el estado de ánimo se encuentra influido por la forma en que interpretamos las cosas**.

Ejemplos:

La persona 1 vive en el desierto, acostumbrada al calor extremo y a tener que hacer un esfuerzo cotidiano para buscar agua, su vida es la búsqueda de agua. De repente un día, sin su voluntad se ve trasladada a una gran ciudad de cualquiera de los países civilizados del mundo. ¿Qué sucede con esta persona? En primer lugar se sorprende, y su primera sensación puede ser de entusiasmo, porque acceder al agua es muy fácil. Pero inmediatamente después **se agobia** porque toda su vida, toda, no nos olvidemos, era buscar agua.

La persona 2 tiene su hábitat en la selva, por lo que tiene poco o nulo contacto con el exterior. Del mismo modo imprevisto que en el ejemplo anterior, se encuentra, frente a frente, con un astronauta que lleva el traje puesto. Además de la sorpresa inicial **se asusta** de tal forma que sale corriendo.

La persona 3, a diferencia de las anteriores, vive en una gran ciudad con todas las comodidades de la vida moderna, artilugios de comunicación global y con todas las posibilidades de cuidado y atención personal posible. Inesperadamente, viajando en avión y por causas ajenas, queda varada y sola en una zona de la estepa fría e inhóspita, sin saber por cuánto tiempo estará incomunicada y sin tener acceso a alimentarse o asearse o de que le cuiden. Además de la sorpresa y el desagrado inicial, se queda inmóvil, **pasmada** y sin hacer nada.

La persona 4 es deportista, a mitad de su carrera profesional y olímpica, especialista en una categoría muy específica del deporte, para lo que lleva años trabajando. De forma súbita esa disciplina se suspende en los juegos olímpicos y se deja de practicar de forma profesional. Además de la sorpresa y el desagrado inicial, **se enoja** de tal forma que quiere romper todo.

La elección de las anécdotas es reduccionista y antojadiza, evidentemente, pero pretende mostrar 2 reacciones distintas ante la misma situación:

- La persona 1 se agobió, pero pudo haberse **alegrado** y disfrutado.
- La persona 2 se asustó, pero pudo haberle **nacido la curiosidad**, y aprender algo.
- La persona 3 se pasmó, pero pudo haberse **animado a sí misma** y pensado un plan.
- La persona 4 se enojó, pero pudo haberse **calmado** y organizar vacaciones.

Momentos difíciles

Sin embargo, aceptemos que la vida, muchas veces, trae circunstancias que nos afectan de tal forma que no sabemos cómo continuar, y que repercuten en nuestro estado de ánimo de forma muy marcada. Es lo que me gusta señalar como: **el estado de ánimo en momentos difíciles,** para diferenciarlo del resto del tiempo que vivimos, y que podemos identificar, porque alguna vez nos ocurrió, o nos ocurre ahora.

Podemos suponer que nuestras decisiones, tanto las importantes como las sencillas y cotidianas, son siempre, o casi siempre, las que nos apetecen y que todas las personas, por acción, omisión o reacción, y más allá de las influencias, somos, en última instancia, los que elegimos el camino que vamos a hacer y, principalmente, **la elección de lo que pensamos sobre una determinada situación.** De esto hay pocas dudas.

Pero claro, comprendamos que de no encontrarnos bien, ó emocionalmente equilibrados, la realidad puede sobrepasarnos, y que aquello que queríamos hacer, o pensar, no lo consigamos. Cuando nos encontramos ante algo completamente nuevo, extraño, o que lleva una carga alta de incomodidad, puede que no logremos interpretarlo, y menos asimilarlo, de forma proporcionada. Son esos **estados de ánimo variables** que hacen que nuestra vida, muchas veces, no sea la deseada. Por eso es importante reconocerlos y en última instancia, si tenemos que actuar para cuidarnos elegir los mejores pasos.

Recorrido

Este libro no está pensado como libro de texto, aunque cada dibujo lleve un breve comentario o en su confección se utilice frases explicativas, signos de exclamación y otras formas de expresar conceptos. Pero, claramente, nació desde los dibujos y como autor debo decir, a modo de broma, que si consiguiera explicar el concepto solo con el dibujo me evitaría la labor farragosa del texto. Así y todo he buscado ser lo más sencillo y claro en cada expresión.

Hay dibujos que expresan estados de ánimo similares a otros del mismo libro, sin embargo como algunas personas, unos les parecen más cercanos y otros más lejanos, son todos válidos. Mi opinión es que hacen falta más dibujos y descripciones y que los de este trabajo son una pequeña muestra. En la parte 2 señalo la diferencia, en el actuar, entre el afectado por un **estado de ánimo en momentos difíciles**, y la respuesta distinta en tono equilibrado. Por eso se verán mencionados como afectados y no afectados.

Estructura

El trabajo está dividido en 2 partes. La parte 1 se refiere a la persona consigo misma. En el Capítulo 1, las situaciones están planteadas desde su interior, su pensamiento o sentimiento; en el Capítulo 2, aquellas manifestaciones que sentimos, o que nos marca nuestro cuerpo; y por último el Capítulo 3, las que atañen al comportamiento, y que pueden ser vistas o reconocidas por nuestra familia o allegados.

La parte 2 está pensada para mostrar la disparidad en lo que pensamos, sentimos y actuamos en 2 estados de ánimo diferentes. En el Capítulo 4 pretendo mostrar cómo se da nuestro diálogo interior ante 2 interpretaciones de la realidad distintas; el Capítulo 5 es una muestra de comportamientos variables que los demás pueden apreciar; y el Capítulo 6 es un compendio de dibujos especiales que me parecían importantes agregar.

Nota: Varios juntos o 1 continuado (cuidado)
Apunte importante para aquel que no conozca sobre cómo afectan los estados de ánimo a su salud, o esté indeciso sobre

qué le sucede. Debe saber que si vive varios de los ejemplos de dibujos que observe, o alguno lo tolera de forma continuada, día tras día, tal vez sea el momento de pedir ayuda y consejo profesional. Este libro también pretende ayudar a la prevención de la salud mental.

Mensaje final

Para elegir qué hacer, si no nos encontramos bien, primero debemos reconocer y dar entidad a aquello que nos está sucediendo. Considero, como autor, que mi trabajo estaría logrado si a través del recorrido del libro los lectores se sienten identificados y, principalmente, los moviliza a pedir ayuda en caso de necesitarla, y si no es el caso, de pasar un momento de aprendizaje divertido o de prevenir si es el caso.

Sin más, espero que lo disfrutéis.

PARTE I

La vida interior

Capítulo 1.

Situaciones íntimas difíciles de percibir desde el entorno

El *formato problema*: como respuesta automática a cada situación, incluso a una buena noticia. TODO es problema y NADA es solución.

El *desengaño por quitarse el desgano*: nos decepcionamos con lo que vamos a hacer o hemos hecho, inmediatamente después de conseguir vencer la falta de ganas o la apatía extrema.

La ***autocrítica maligna***: nace, casi siempre, después de cada acción que realizamos. Necesitamos decirnos que no hacemos nada bien.

Las ***indecisiones permanentes***: nada nos conforma, estamos en duda todo el tiempo. No logramos pensar bien.

La ***amargura dolorosa***: enquistada como un regusto que no logramos expulsar. Duele y molesta cada momento de nuestro andar cotidiano.

El ***machaque***: es una exigencia extrema, o exageración fanática, de algo en lo que somos eficientes y que nos enorgullece. Lo llevamos tan al límite, que termina causandonos daño.

El *asalto de pensamientos negativos*: se instalan en nuestro interior como una catarata continuada de argumentos dañinos que no logramos erradicar.

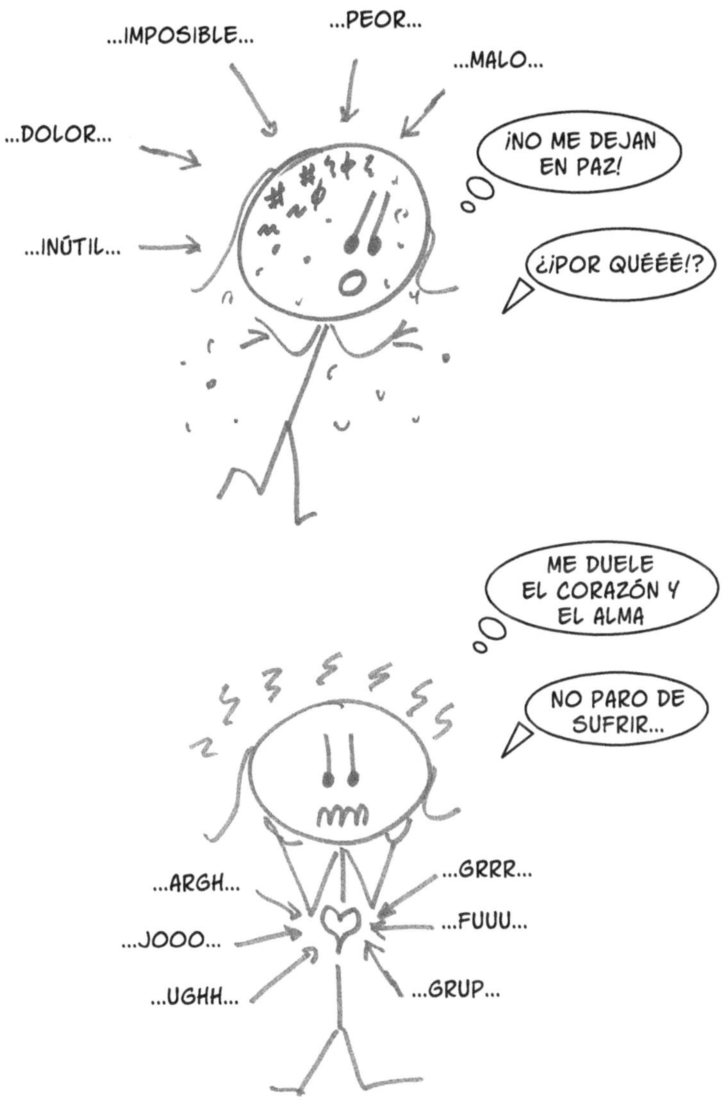

El ***desgano*** (o ***desgana*** según donde se lea): es cuando no encontramos motivación alguna; cansados de luchar, de intentar y de siempre sentirnos mal.

FAMILIA

DEPORTE

CINE-TEATRO

NATURALEZA

EL TREN DE LA VIDA

La **soledad**: que nos parece necesitar de forma imprescindible, es un resultado lógico de nuestra incomodidad diaria. Las personas nos molestan, no nos entienden, y no sabemos qué decirles.

Capítulo 2.

Señales corporales
o sensoriales

La ***sensación de túnel***, también *sensación de caer al vacío*: asfixia o aplastamiento que acompaña a la desesperación o la incertidumbre.

Malcomer: podemos hartarnos de comer, o pasar días mal-comiendo. Necesitamos que algo "calme" lo que sentimos o "llene" el vacío.

La *desmemoria*: vivimos desconcentrados, dispersos, confusos, nuestros sentidos están como "adormecidos". Por eso, entre otras cosas, perdemos la memoria.

La *tensión desbocada*: las preocupaciones y los nervios pueden hacer que los niveles de presión arterial se disparen, señal de que algo va mal.

No disfrutar del placer: no tienes derecho a disfrutar; cualquier cosa que te guste es atacada por los malos pensamientos y esto te frustra.

VOY A HACER ALGO QUE ME GUSTA

Llorar sin motivo: o sin causa a la vista, porque nos duele el alma, desconsolados, sin calma ni alivio.

El *insomnio*: días sin dormir o mal sueño o, al revés, no levantarnos de la cama, dormir y dormir pero sin descansar, sintiéndonos cada vez más cansados.

SIN DORMIR

DORMIR MUCHO

Los **dolores musculares**: contracturas, dolor de espalda y de cabeza, pesadez al andar, etc. Es evidente que nuestro cuerpo también se ve afectado por los estados de ánimo.

La **UCI** en sentido figurado: vivimos de imprevisto en imprevisto, siempre molestos. La "escena" de verse a sí mismo en Urgencias no es descabellada si vivimos con los estados de ánimo alterados.

Capítulo 3.

Comportamientos
que los demás pueden ver

Los **_"debo/tengo que"_**: dueños de nuestra culpa. Obligaciones malsanas que sentimos por todo y por todos. Sentimos que no conformamos a nadie.

La **_pérdida del humor_**, la respuesta agria: los que nos rodean perciben los evidentes cambios de humor. Podemos notarlo si algo que antes nos hacía reír ahora nos enoja o enfurece.

La ***ira sin causa***: disfrazada en nuestro interior, sin más sustento que el inconformismo persistente con el mundo y con nosotros mismos.

La ***obstinación o tozudez***: repetimos acciones buscando "calmar" la inseguridad que sufrimos, como por ejemplo, volver una y otra vez a comprobar si una puerta se cerró, lavar repetidamente objetos suponiendo que siguen sucios, etc.

El ***encierro, o no hablar en público y el hastío de la gente***: nos molesta tener que tratar con las personas, incluso con nuestra propia familia. Como si lo necesitáramos. No confundir con la soledad, son señales distintas.

Hablar tropezando: no coordinamos bien al hablar, nos trabamos al intentar explicarnos. Las personas no entienden qué decimos y eso nos frustra más.

Los ***choques con la gente***: como todo nos molesta y la gente aún más, vivimos de discusión en discusión. Creemos que todos están equivocados.

La **desconfianza**: es prima hermana de las incógnitas que tenemos sobre nosotros mismos. Como dudamos de todo es muy fácil que se nos cruce por la cabeza que las personas quieren hacernos daño. No hay una base sólida para este pensamiento-sentimiento, pero lo vivimos como algo real.

El *ensimismamiento* o la ***abstracción incómoda***: no escuchamos cuando nos hablan porque el "ruido" en nuestra mente impide prestar atención. Esto genera malos entendidos porque damos la impresión de ser maleducados y desatentos.

PARTE II

Diferencia entre afectado y no afectado

Capítulo 4.

Diálogo interior, dos formas de pensar

La *inutilidad*: otro concepto muy repetido, y que creemos nuestro, es que no tenemos ninguna capacidad, o las que tenemos no sirven. Esto hace que nuestro presente y futuro sea nefasto.

La **elección del peor pensamiento**: es una constante no lograr elegir qué pensar y caemos todo el tiempo en las más agrias ideas, casi siempre como sentencias terminantes: *soy un inútil, nadie me quiere, todo está mal, nada tiene arreglo, etc.*

Los ***desvaríos (difícil pensar)***: aquí se aprecia cómo cualquier actividad, por muy sencilla que sea, puede complicarse, y nos produce frustración y hace sentir que no servimos para nada.

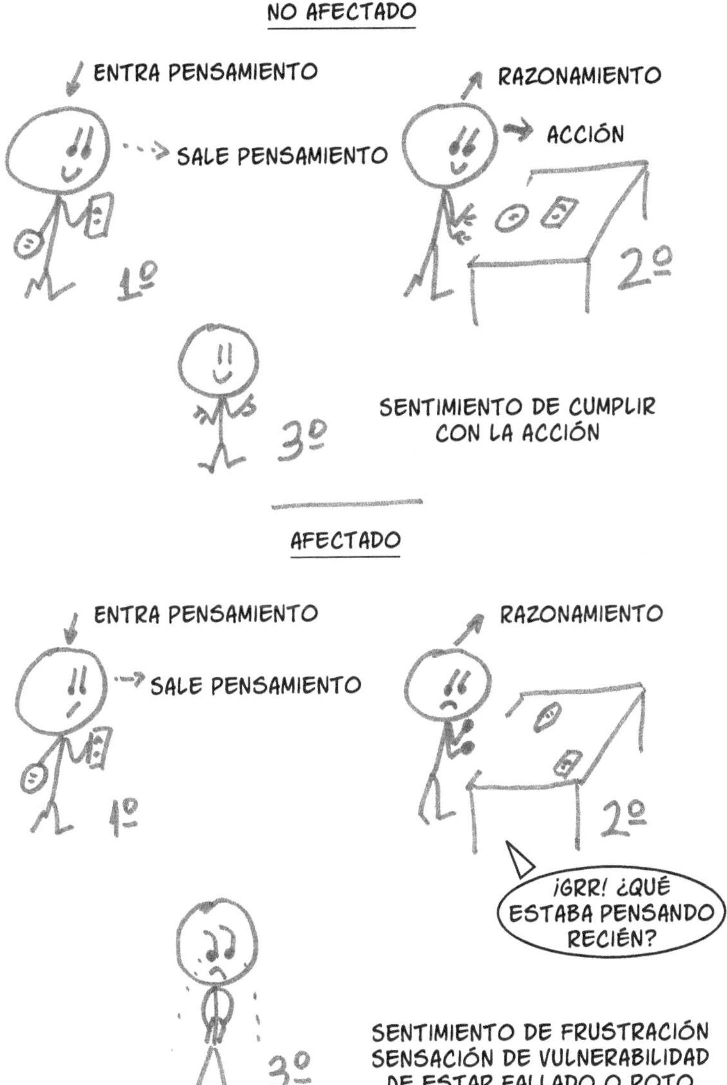

La ***rumiación***: un indicio muy fuerte de que algo no va bien. Pensamientos negativos que se encadenan, pasando minutos, horas, y días enteros sin poder parar de pensar cosas horribles. Es extenuante. Muchas veces sucede que esos pensamientos vuelven sin previo aviso.

La ***vergüenza:*** es una de las grandes olvidadas, no siempre se la tiene en cuenta. Nos sofocamos, o ruborizamos excesivamente, porque suponemos que van a decirnos algo feo, o descubrirán lo que pensamos. Estamos desnudos ante el mundo.

AFECTADO

¡TENGO PREOCUPACIÓN IR A TAL LUGAR!
¡UHGH!! QUÉ DUDAS TENGO DE IR A COMPRAR!
¡UFF! ¡¿Y SI ME DICEN ALGO?!
¡ARGH! ME DIRÁN ALGO FEO...
YA NO SALGO...

El *desamparo*: nos encerramos en nosotros mismos, nadie nos comprende. No pedimos ayuda ni apoyo, queremos aislarnos.

Las **pérdidas**: cuando perdemos a alguien, o algo muy querido, el duelo no acaba nunca. Y para mal, nos hacemos cargo, echándonos la culpa de lo que pasó (sea lo que sea).

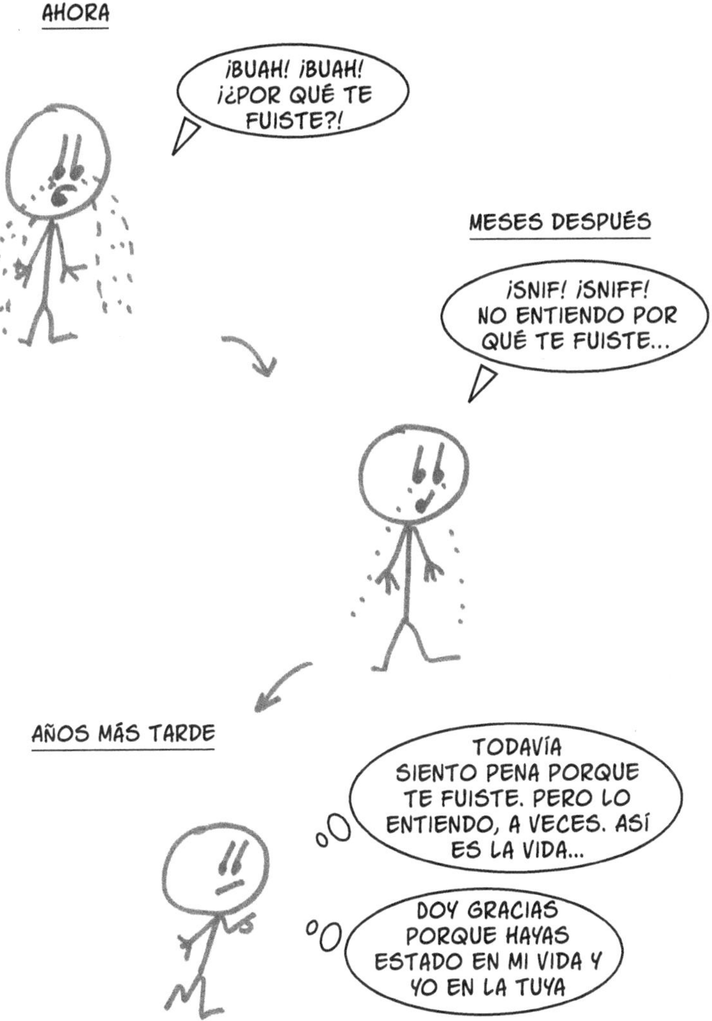
AHORA
¡BUAH! ¡BUAH! ¡¿POR QUÉ TE FUISTE?!
MESES DESPUÉS
¡SNIF! ¡SNIFF! NO ENTIENDO POR QUÉ TE FUISTE...
AÑOS MÁS TARDE
TODAVÍA SIENTO PENA PORQUE TE FUISTE. PERO LO ENTIENDO, A VECES. ASÍ ES LA VIDA...
DOY GRACIAS PORQUE HAYAS ESTADO EN MI VIDA Y YO EN LA TUYA

Las **enfermedades graves**: alguna vez puede que suframos una dolencia difícil. La forma en la que lo afrontemos determinará, y mucho, la vida que llevemos después.

NO AFECTADA

AHORA
ME DICEN QUE TENGO CÁNCER
MESES DESPUÉS
BUENO, NO PUEDO QUEDARME ESPERANDO. ALGO TENGO QUE HACER.
AÑOS MÁS TARDE
TENGO 3 OPCIONES:
1. ME MUERO PRONTO,
2. LUCHO MUCHO Y VIVO MÁS.
3. O ME CURO DE ESTA ENFERMEDAD
EN CUALQUIER CASO, ¡ELIJO VIVIR HASTA EL ÚLTIMO MINUTO!

Problemas o enfermedad de alguien cercano: mientras estamos afectados no reaccionamos bien ante las dolencias o problemas de las personas de nuestro entorno; todo son molestias, o ni siquiera nos percatamos.

Capítulo 5.

El comportamiento variable

La ***incomprensión***: un comentario simple o una conversación normal puede enredarse porque no logramos entender qué se nos quiere decir.

Las **listas, las pistas de aterrizaje**: no podemos parar, tenemos que estar cada vez más ocupados. Todo es tremendamente importante, nada puede quedar sin que lo piense, lo haga y lo supervise para sentir "cierta calma".

AFECTADA

NO AFECTADA

La *autocrítica-culpa I*: nos hacemos cargo de forma malsana. Con nuestros seres queridos o personas cercanas establecemos una relación de amor y odio enfermiza producto de la inmensa, e inmanejable, culpa que nos tiene atenazados.

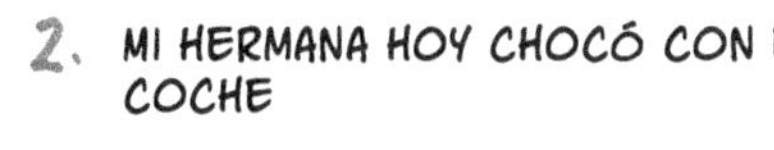

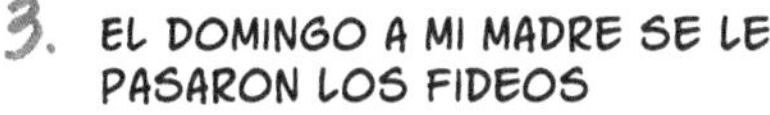

La ***autocrítica-culpa II***: sobre acontecimientos externos, como digo en una frase del libro ***Momentos de Lucidez - Cómo superé mi depresión***: "Sí en esos días me decían que la culpa de las guerras, o del hambre en el mundo eran mías, me hubiese hecho cargo".

El ***verdadero carácter I***: frases, o dichos muy comunes, sobre los nervios son por ejemplo: *ser una histérica*. Que es muy mala para cualquier persona.

La ***relación con nuestro cuerpo***: los cambios físicos a lo largo de la vida pueden ser difíciles de llevar. En la juventud o en otros momentos de la vida pueden aparecer en nosotros inseguridades o momentos difíciles.

AHORA

CALVICIE - GORDURA

AHORA

MESES O AÑOS DESPUÉS

El ***post parto o embarazo***: un cambio muy importante en la vida de una mujer es un embarazo y/o el posterior parto. Todo este proceso, ante la posibilidad de engendrar una vida, no solo influye en el sentido corporal, sino también en el anímico.

NOTA: Los dibujos refieren dos interpretaciones que se pueden tener de un embarazo, o un parto, pero puede haber más. Constato que hay mucho escrito y por escribir, y dibujar, sobre este tema.

Los *accidentes cotidianos*: la forma en que reaccionamos ante los percances es una muestra de cómo estamos, si lo vivimos con normalidad, o por el contrario nos afecta desmesuradamente.

El *agobio*: compromisos, tareas cotidianas, o cualquier quehacer puede derivar en un problema grave. Todo aquello de lo que ocuparse, se convierte en una preocupación excesiva y nos ahoga.

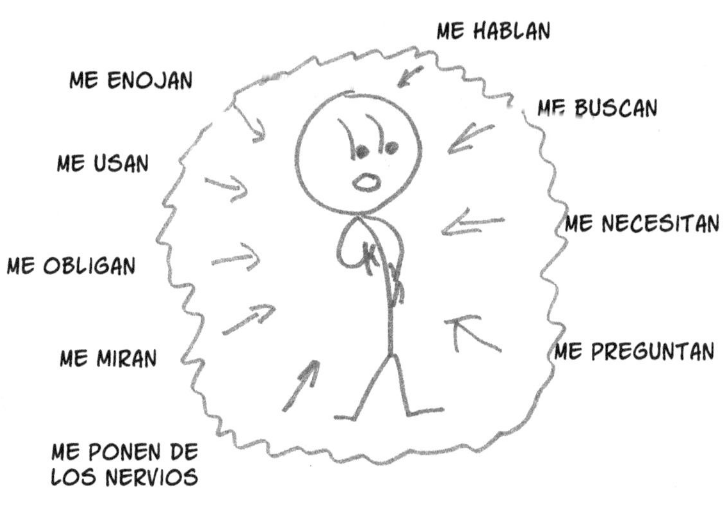

Capítulo 6.

Especiales

La ***"tortura" del trabajo o el estudio***: no todos hacen el trabajo, o realizan el estudio, que quisieran, al contrario, querrían cambiar. Pero afectados, la misma situación, puede ser una verdadera tortura, incluso generar momentos peligrosos.

Los ***estresores, hasta la propia familia***: es un concepto de la psicología que explica muy bien el estado que se vive cuando estamos afectados. Vivimos dentro de una guerra en donde todo (hasta nuestros propios pensamientos y mucho más los sentimientos) nos perturban, incluso las personas que más queremos y en las que más confiamos. Es algo muy doloroso.

La ***imagen irreal***: la visión sobre nosotros mismos no es la verdadera. Inútiles, falsos, mentirosos, irresponsables, o cualquier otra mentira sobre quienes realmente somos. Incluso sobre nuestra fisonomía podemos perder la realidad.

La ***autoestima, esa palabra***: consideración sobre lo que significa nuestro ser, que vamos transportando desde niños y que define cómo actuamos ante los acontecimientos. Es el talón de Aquiles de nuestra salud mental, cuanto más equilibrada, mejor vida tendremos.

TALÓN DE AQUILES (EN SENTIDO FIGURADO)

AFECTADO

NO AFECTADO

Los **sueños y realidad**: la sensación de distancia entre lo que uno quisiera vivir y lo que realmente vive, es un comentario que se repite. Esa diferencia se hace enorme, o inalcanzable, en los casos de afectados graves. Como si fuera otra vida, otras identidades y que nunca se podrá aspirar a ser felices.

AFECTADA

NO AFECTADA

El *verdadero carácter II*: otras frases o dichos muy comunes son por ejemplo: *"es que soy así, qué le voy a hacer, es mi carácter, mi forma de ser"*. Esto es terrible para alguien afectado. Este ejemplo es sobre la ira: *ser un broncas*.

El ***suicidio, dejar de vivir***: es importante entender para los que no conocen lo que es el decaimiento, o la desilusión profunda, que la idea de acabar con la vida puede ser un pensamiento al que se llega, si se está mal. El suicidio pareciera tener un sentido de reparación, de arreglar algo que no está bien, y que creemos no tiene arreglo.

Nota: Aunque suene incómodo, aceptarlo es un primer paso para recuperarse.

AFECTADO

¡ESTOY CONVENCIDO QUE EL MUNDO ESTARÁ MEJOR SI MÍ!
¡VOY A ACABAR CON ESTE CALVARIO!
NO AFECTADO
¡ESTOY CONVENCIDO QUE EL MUNDO ESTARÁ MEJOR SIN MÍ!
BUENO, ESO PIENSO AHORA, PERO MAÑANA O MÁS ADELANTE CAMBIARÉ DE OPINIÓN

Los ***replanteos permanentes***: vivir de reflexión en reflexión, sin lograr hacer pie, mucho más que indecisión. Como se ve en uno de los dibujos, nuestra existencia es vacía, no llegamos a ningún lado.

La *vida*: no hay en el Universo conocido mayor regalo, y más grande placer, que estar vivo, para "usar" esa estancia en la Tierra dejando nuestro sello. **Nuestra existencia es única e irrepetible.**

www.ingramcontent.com/pod-product-compliance
Lightning Source LLC
Chambersburg PA
CBHW061721250726
48657CB00002B/715